Željko Toprek

ZBIRKA ZA ČITANJE

DRUŠTVO ŽIVIH PESNIKA

Baš svi

Gdjesidasi
... ne javljaj se,
piši, i napisanim
šuti, jer ako
kažeš glasom
mogli bi
biti na nas,
mnogi ljuti.
Pjesma će da
živi vječno,
ljubav malkice
više, a to
da li ćemo
živjeti srećno,
ma to nije
ni bitno,
još kad
se tome doda
kako će jednog
dana svako...
Šta?
Pa pjesme
da piše!

Crni Voz

„Bez reda i smisla, onako unakrs"

Sreo sam se, dobro je!
(ova pjesma ima dva smisla)
Ni zbog jednog je nisam napisao!!!
Prolaziš kraj mene, a kao da se
ne znamo, samo prolaziš,
jednom smo bili tako
čvrsto zagrljeni,
mislio sam zaista
kako nikad neće doći
vrijeme, kad u daljinu
kao stranac od mene
odlaziš! Što kaže
moj dobar drug,
čekam voz,
a pojma nema
što ga čekam,
samo čekam,
valjda da iz njega
mahneš,
pa da se
zagrlimo kao nekad.
Niko nas više
ne bi razdvojio.
znam to, zato
se i pravim da te
ne poznajem,
Hvala ti
što i ti mene
nisi isto tako...
kao dva najstranija stranca,
ni očešali se koferima,
svako u svom pravcu,
samo da se ne dodirnemo,
ne dao Bog, zagrlimo!!!

****++++ DJ hRIST

Sam sam,
i toga se odavno nič" ne plašim,
kao zadnji, živim svaki dan,
magare vodim kraj sebe,
više ga ne jašeem.
pRema sudnjem danu,
ukorak – Mula i ja,
ego isp'o iz bisaga,
na onim tamo što vidite –
rupama, crnim.
E odatle dovde,
peglam sorte raznorazne.
Ja domaćice, ja domaćice!
Manite se rakije i pive,
spidurebijeložutog,
kravljeg ko i mačijeg leša,
u dreša samo zalaž, biljke,
vidi proteina, vidi ugljikohidrata,
masnoća te skuvala sa ovcom pečenom
na klipi, sad si toliki,
a truo ko panj.
Imunitet ravan, za'vati te odjednom trinest virusa,
pa te doca _ dere antibioticima.
Ma, ja, de ti Isuse ćuti, da ti ne bi i jopet, fasovo gujcom...
Motaj sljedeći, više se nikog ne plašim,
osim što dajem na znanje, ja u
Boga ne vjerujem, nego pokazujem
žnjjegovo postojanje.
E sad kakav ispadnem ponekad,
pa to je što prije toga, nisam ništa znao,
ovo je samo jedan od razreda –
do vrha bijela, milijarde staza.
Sjećam se jednog iz prošlih života, slučaja,
pa ga miksam s' ovijemmm, iz ovega.
Kolega, de dodaj slušalice,
trebam ubac't' šargiju.

Razbijam mit, da je isti instrument,
samo za seljačke!
Naopačke Mitro,
tačke okreni,
nek' se đubar skroz – ocijedi!

Ćita čita ćitulju čiti...

Okus gorak, kao da žvaćem pelin,
opor' mala vestu, da ti vidim oči,
kad iskoči voda iz bokala, sali se
bara pod stari astal, na njem' vaza –
puna visibaba, proljeću se potok nada,
sti će kreka žaba, okrasto se kraj nosa,
sa lijeve strane, dok sam bio majmun,
nisam nešto ganj'o prekoviše banane,
sad već kad sam ko njaki čojek,
više sam i opet - za dim trave...

Crvotočina –
(BALKANSKA UNIJA)
USKORO!!!

Kad taman misliš kako znaš
kuda dalje, stiže nedoumica,
pa pojma nemaš ni odakle
si stigao, okreneš se oko
sebe, nigdje nikog,
a taman na Zemlju kročio
da bi život volio...
Nemoj čovječe da te stižu
nedoumice, naravno da
dalje moramo tako, inače
stići i ne trebamo nigdje,
sve piči i poslije
kad otkaže srce.
Znači voljeti, znači
nikad ne prestati,
znači nedoumice,
to znači kako mi
kuca još uvijek srce...
Čim pišem pjesme,
živ sam znači,
brinuću se kad me
stigne kako to ne trebam
činiti, sve lijepo spakovati
među korice, pa u plamen,
bez brige hoće
li čovjek ikada spoznati
ljubav... stvarno
me to brine, baš
mrzim nedoumice.
Šta vi mislite, da odustanem,
ili da joj se navijek - vijekova predam?
I kad umrem pisaću ih, samo ne više mastilom
i perom, pa kad iz mrtvih grune stih,
skontaće duša gdje joj je bio dom.
U kožiš živih bića je privremeno, poneka se zavuče u kamen
i čeka svoj suđeni val, pa kad ga razbije na komade,

pijesak se pretvori u prah, od tijela crvi istu partiju urade.
Da, baš tako, vesele se kad neko od nas odapne.
Nijednog razloga da im nešto zamjerimo.
Bog im dao pravo da tako čine za života.
Ne stiže ih nikad nedoumica, kako i kuda dalje.
Pa u smrt jednog dana svi stižemo,
zamjerite kojem god hoćete tvorcu,
do tog suđenog nas sav sretan šalje.
Naravno da vas sve volim,
najviše car voli blago
zbog pjesme pjesnici postoje,
ona je njima ponajveće... to!
Naravno da sve volim, čim se
život daje za stih, onda možete
zamisliti kako me oplelo,
u prošlom kamen, u ovom
zbog pjesme postojim,
crva božijeg siguran plijen... jesam ih prošli put zeznuo,
pravo se našli u nedoumici kad sam se pojavio poslije
ko zna kojeg vala nerazlupan. Samo me pucajte,
što više puta opaljeniji sve ću nevjerovatnije istine disati...
pa i za te kako će jednom i mrtvi pjesme pisati.
Živi bili, pa vidjeli, samo opušteno,
nikakve nedoumice
neću da osjetim,
pa i za to kako smo stigli
na ovu predivnu planetu
da bi voljeli,
poslije tumaranja
svih nas po ovim nedoumicama,
od nemila do nedraga,
duša nebu leti.
Tijelo Zemlji,
u koju ga crvi pretvore!
Neko će misliti kako mi je želja biti isti,
ma ne trebamo više ni željeti,
carevi su to od nas za tren
napravili... Mislimo kako tako treba,
slobodno glasajte, ja ne mislim da
trebam. U stvari, ne zamjerim im, ama baš nimalo,

možeš misliti nedoumice, imaš drago kamenje i bogatstvo,
a nemaš života kroz poeziju ni minute... Da izvinete,
stvarno - jbt! Da te posrao majmune jedan,
izabrali te, a ti zavijaš u crno koga stigneš,
jest kad bi život bio samo jedan, možda bi i bilo tako,
kroz crva ćeš zemlja kao i svako od nas da postaneš...
E tek tad' se možemo
igrati glasača i izabranog.
Međutim,
to je za današnju
politiku još uvijek priča o crvotočini,
za koju bi samo da političari znaju,
ostali ih biraju – vjerno do rupe sa
crvima!!!

Đole Korleone

– bistro ti vrijeme
žele kolege iz navigacije,
mijenja ih ko čarape i gaće,
jedne prati muški glas iz
kutije - druge ženski
Želja mu je da ima za ljubimca zmiju,
al' ozbiljno, međutim
nije najbolje upućen kako se vadi
pasoš za istu kod nas,
pa ako ko zna
neka u komentaru
ispod objasni,
rado bi on da
i ona sa njime
po svijetu
putuje!!!
Prati praznike po Evropi,
radi stanja zabrana na cestama,
inače Đorđe vozi kamion,
zaboli ga ona stvar za politikom,
budite kao On.
Gorgonzola Piccante D.O.C.
Musolini!
Pa ja, ako se ovako nastavi sa odvijanjem situacije,
i brko će ubrzo biti sveti!!!
Čudimo se Hitleru,
a stanje u svijetu pet puta gore –
nego pred početak drugog svjetskog rata!!!
U gram pred Bogom isti,
nemojte me više gnjaviti sa tim pričama,
pa izginuše ovi, pa oni... možda i ja sutra nestanem
od metka tamo neke ratne ruke – nije Bog za to kriv,
nego mi, da, baš ti - što lakrdiji to sve dopuštamo
da čini, i još ih zbog njihovih nedjela
na kraju okitimo činom – sveti.
Opraštam, jer da znaju šta nas sve čeka poslije
potezanja smrtnog otkosa,
svi bi prihvatili u ovom gore navodu

tih što zaslugom
nečije nesvijesti podnose – muke--
dok skroz ne samru.
Miči nas Bože, došlo je vrijeme kad
previše ugrožavamo sve oko sebe.
A i sam znaš da nema pojma o toj priči
koju mi veslamo vijekovima,
nije odavno bezdušniji stvor
stvoren u cijelom svemiru,
svi do jedne životinje,
od naše ruke – umiru u najgorim
mogućim mukama i bolovima
Morate priznati da smo gamad,
ne morate, slika opšteg stanja
na majci nam Zemlji sve govori.
Ja se neću jagmiti za tu titulu, hoću da sam bog,
pa onda u selu nastadoše zavade između raznih
bogova koji postadoše od pokreta i radnji tih koji su
dijelili ljude na kojekakve nacije i pripadanja.
... šta ti je luda ljudska glava, pa
ti običan dio prašine koji nije ni pokušao
da bude živ - sebe za svetog proglašava!
Prije njega poništavam sve takve.
Nemojte da na kraju ispadnem ja - kako
sam umislio da sam svevišnji,
Jok – samo se krenuo buditi prema
tome da jednog
dana ne vrijeđam nijednog živog
stvora – namjerno.
Kako nije – to će
da nam pokaže valjda neko.
Ima Bog razne načine, i za one koji
u njega lažno vjeruju, i za one
što od neznanja ljubavi
prave - ne vjeruju uopšte
u ništa, pa i kad
nam dokažeš sveti
da ne trebamo gutati
mesinu, ponekad
virnućemo u frižider.

To ništa ne znači,
ako svijest ne kaže –
tako vršim fašistički
čin pogubljenja
nekoga tamo
ko se isto radovao
što se rodio,
Onda ga jednog dana
odvedemo na klanje.
Da, šta sam ih ubio,
a da ni svjestan nisam bio.
Zato ćemo polako
da se počnemo dizati.
Gore.
Za svetoga proglašavam onoga koji dovede ljudsku svijest do
te mjere da više ne ubija druge žive stvorove oko
sebe, pa ni radi hrane.
Biljke to vole kad im radimo,
probajmo za početak se baciti u te vode,
poslije ćemo da ćopamo pitu od bujadi, za večeru
mauna i sa njome - po kile teletine,
drže se za papke majka krava
i njeno čedo,
sve zbog našeg guštanja
sira uz vino i rakiju,
ode nečij život pod nož.
Psi nam na te sve naše nebuloze prema njima – opraštaju,
ma šta to, vole nas više nego sebe.
Snagu njihove vjere, pa to iskustvo - da naučim
od tako moćnih bića – nikad ne bi' propustio!!!
Smrt fažizmu putem oprosta svima,
da počnemo ispočetka trošiti
vrijeme na bitnije stvari, nego
na opraštanje...
Drugarka – kujica iz naselja, dobila unučiće,
hvala Bogu, dođite da zbrinemo male anđele,
inače će ih šinteraj odvesti do logora
za spaljivanje
Ravnoteža kosmosa nije u ljudskim rukama,
istog momenta odložite puške, da vas

ja ne odlažem u neupotrebljive -
reče Bog, mi ti vjerujemo
u to da nam pomogneš,
a ti govoriš još protiv nas.
Vjerovaćemo mi u ove jednostavnije,
koju kažu kako se smije ubiti,
ne budi primjer nikom - pas
O tome kako oni vole i vjeruju –
mi ljudi još uvijek možemo sanjati.
Opšti prikaz sveopšteg ludila –
žive stvorove oko sebe ubijamo.
Koliko se ja razumijem
u matematiku –
ubrzo će reješenje
biti ispod nule.
Tup osjećaj samoće,
kad nikog ne može
da dohvati -
mene skoli,
iz vrtloga straha
dižem se do slobode,
mnogo bi bio čovjek
snažan kad bi barem
pokušao da voli.
Kako, kad te
dohvati osama
bez igdje ikog,
a moraš dalje,
ja se spašavam
pjesmama, ne znam
kako vi,
trljam po teci
da život traje.
Ma ne brinite,
više ne padam
na ovakve strahove,
vjerujem kako
ne vjerujem -
kao kokoš i jaje,
ne poštujem nijedne

bogove –
koju ne kažu – volimo se.
Kako sebe, tako
i druge oko nas!!!
Da, baš tako,
ponekad zaista volim biti sam.
Zezam se, i kad stihovi utihnu
imam vjernog druga koji
bi bio u stanju pratiti me
u stopu do smrti.
Ne da ja u tu priču
vjerujem, nego
istu živim.
Tako bi i Đole
sa poskokom.
Dok on spava poslije
kurlijanja, ovaj čuva stražu
kraj rezervoara
za naftu.
ED5.
MAN 8.180,
Njemačka mašina,
mi smo što je od Juge ostalo
kariola - sve prodali u staro gvožđe!!!
Jebeš da izvineš tačke,
još ubijamo pse po azilima.
Eto nam domaćih brkova
u kajmaku.
Neko bi opet volio mačku,
što se mene lično tiče
dolaze u obzir svi u naručje
osim zmija,
a i sa njima će da
me bolje upozna
driver - trucka
registarskih oznaka -
T45E66.

I više!!!

Ma pojma nema o bitnosti i važnosti,
tačnije, mnogo je Bogu bliža
pseća populacija, nego naša,
ako griješim molim te oprosti,
ja mog vjernog druga kao i sebe volim---
Problem i leži u tome
što sebe čovjek prvog
do Boga stavlja,
kraj nas mnogo
bitniji žive, pas
mi spava
kraj uzglavlja... navukao se na hrkanje,
tačnije navukla, kujica smeđih očiju,
ujutru dok drnda mobitel, skakanje,
kad se pogledamo nakratko,
obadddvoje znamo istinu.
Na zadnjem smo mjestu
bitnih postali, ne ja i moja kujica,
nego čitav svijet ljudski,
nikako pseći,
svako od nas je lice istog Boga,
važnost i bitnost će svjedno
jednog lijepog dana –
u grob leći!

Izviđačka

Kad šator prokisne
bude baš pravo blato
gore nebesa,
ispod prah,
i naravno ništa,
isto kao i na njima,
život bi u ovoj prašini
mogao biti pjesma,
a ne kaljužanje!

Jašta nego trebamo

Život bez pjesme
kao trava bez rose
bose noge trnje gaze,
takav većinom bude
ako se ne pjeva
Isti bez slobode
kao ptica bez krila
nijedna bez njih
nije bila sretna,
ljudi bez pjesme
život bukvalno
na robiji provode...
Da se zapitaš,
jesmo li dostojni
leta bez pomisli
na pad, kako
jesmo kad ne
pjevamo?

Krkanizacije

Sretan Đurđevdan, svima koji ga
danas slave, manje masnoća, moliću lijepo,
i alkohola naravno. Pustite ovog što krka,
znate ko postane taj što tako radi
Vođa vodeće stranke kod birača
pojeo 38 sarmi, možete vi zamisliti
šta od njega postane kad ga postave
za vrhovno rukovodstvo!? Ma ne možete,
čim ga izaberete, ni blizu ste toga.
Samojed se pojeo iz cuga,
kao gladan gost slavsku sarmu.
Neko će pitati, pa koje to mi imamo
druge? Imamo, kako nemamo,
razne!!!

Mundir u crnom

Igramo se
slova u kalendaru –
ubijamo životinje.
Kakve smo mi to vjere
osim one u pune stomake,
iliii trbuhe?
Niko nikog na
Balkanu još malo,
pa ne razumije,
ne razme, ne razume,
ne dela razum.
Na kraju imamo toliko
jezika da se svaki
iole normalan Balkanac
može nazvati
ladno - poliglotom
Trista gradi, reće neki pop,
međutim, sa takvim ja –
jaja ladim u Moravi,
čekam da dan kojem
ću da posvetim ovu
molitvu – završi.
Doktor medicine,
odsjek psihijaaaatrija.
ne znam koliko ste vi ludi, ali
za sebe znadem.
Bojom krvi označeni sveti,
tim danima većinom nešto prikoljemo
za tepsije i ražnja, učimo li
djecu ispravno živjeti, ili
nam je pod 'itno potreban
stručne osobe –
nadzor i pažnja?!
Dolazi dan
kada se više neće
čekati nijedan,
osim onaj u
kojem mrdamo,

pa tako ni sjećati
na prošle
koji i ne postoje nigdje
više osim u našem
mozgu, dijelu
zaduženom za
sjećanja
i onom drugom
za maštanja.
Dok mi tako
patimo i
proričemo
sebi najbolje,
promiče kraj
nas ono
što treba -
ne pada sa neba
dobro.
Nikako - ne,
ni kad
se Bogu molimo,
a nismo prisutni
u molitvi.
Tu sam, raskida
me bol za tim što
vidim šta nam slijedi
ako ne zaboravimo
šta smo sve činili
životinjama oko sebe,
pa okrenemo novi list
na kojem će biti ispisano
crvenim slovima –
stop ubijanju
od zečeva do pasa –
sunce nam li jarko poljubim,
sve bi živo proćerali
kroz dupeta,
sa utjehom –
glava na nebesima ---
pomozi Bože.

One koje više ljudina
kao žderati ne može,
čim zalaju,
i njih istrči
i ubije.
Zabode u šapu iglu,
pod vrat nož,
u čelo metak
mora da me ne
razumijete
o čemu velim,
jer svako od nas
u svemu tome nekim
dijelom učestvuje.
Ali jednog dana kad se rodi
cijela jedna generacija sa
spoznajom da ne smijemo
ni pod razno ubiti
neku od životinja –
zaista biće bolje.
Opširnije objašnjenje –
ne trebamo im pomagati
ni u čemu,
osim da uživaju
u slobodi.
Toliko od nas Bog traži,
međđđtim mi to
još ne vdimo bistrim okom
nego vjerom u kojekakve
zablude.
Opčinjenost teizmom
ili ateizmom
ne daje različit
rezultat.
Problem je
u tome što
smo mi to umislili
da možemo pomoći
nekom drugo,
a sebi ne znamo

zavezati pertle
na patikama,
vuku se iza nas
po prašnjavoj cesti.
Ide asfalt za sljedeće
izbore, dotad
uživajmo u sjećanjima,
neka ti koji će
da nas vode u buduće
dane – laži kao
i uvijek --- govore.
Mi ih izglasamo,
pa se Bogu molimo
za zdravlje i komad
ljeba, kruva, pogače, kuruze,
kifle.
Ma i neka nam je,
obećavajuće
je da ćemo prije
se latiti motike.
Jer već čujem vrisak
utvare zvane –
mesožderstvo.
Od Isusa do danas
Hrišćanski postovi
su još malo, pa
dozvolili da
se smije jesti meso
životinje dok isti traje,
samo se polije
mrs zejtinom.

Na spasenje jutrošnja molitva...
(kečina ko vrata)

Momenat – kad odlučujem
da idem dalje – yes!
Pozdrav sa neba Bog šalje,
viče --- Topreke, đes?!
Nije da je dobro kad se voli,
nego još bolje, zbog ljubavi
bi i čovjek trebao da postoji,
od njega bi mala
mogla - baš čudo
da napravi –
i to samo --- da
istu upotrebljava.
Volim vas sve zaista,
kao i sebe što ljubim,
na Zemlju spas donese
pjesma, pišem ih –
vrijeme ne gubim.
Svi olovke u ruke!!!
Ajmo šta ste se stisli,
zar vam još nije poznato
kako se veoma rijetko
u ljudskoj koži
živi.
Imamo priliku,
ne propustimo je,
u novčaniku
imam svačiju sliku,
sve što imam i nemam
slučajni prolazniče –
neka je tvoje!!!
Pjesmu ti neJJam potrebe,
svako ima svoju neku
koju voli više od sebe.
Ne stidimo ih se,
pokažimo da smo zaista postali ---
bića svjesna svoga postojanja.
Bogme – nekad se tog'

što jesam - plašim najviše,
spas mi pruži pjesma,
po deset ih dnevno
pišem... ma kakvi, doživim!!!
Bog smo mi, što više ljubavi
to on veći, životu se
najzad divim,
nije bitno šta
će od mene
smrt naposljetku
da napravi.
Pojedu crvi tijelo,
i to slatko,
da se više kad vidim
tako složnu ekipu –
ne bojim ni smrti.
Sjedi čovjek na posljednjem panju
drveta – 2353 godine i pita
se, pa je l' moguće da je
bio toliko glup?
Pisao – džaba
ili nije –
za pjesmu
sam zaista svim plućima
disao.
Poezija nam pokazuje
puteve daljnje, ali ko
da ih kaže, a da ne rokne
krivo, i za vas sve
pozdrave šalje -
gdje ste ljudi?
Bog ToPreče,
odsad će na
ovoj planeti –
pjesma da sudi.
Kad svi budu voljeli –
neće se više ni tražiti
spas sa nebesa.
Pun gas, uzbrdo prva –
niz njega šesta,

to vam može da
bude i obična
pjesma.
Da bar merdžo ima devet
brzina, možda bih
uz neko manje brdašce
mogao drugom.
Može li učiteljice
dvojka za ovo moje
skromno djelo...?
Može – veli,
pa pljas šamarom!!!
Nisam ih pisao poslije toga
punih deset godina,
i kad sam počeo –
prestao dvadeseti dan -
kad sam vidio
šta ću do danas
sve dočekati.
Upiši javni bilježniče
kako još nije
ni 2017 ta.
i to poslije Isusa,
a gdje poslije Muje,
Rame, Ivana, Slobodana,
i tako sve preko cijelog svijeta
da se čuje kako se po božijem
ne treba plaćati račun od
struje.
Rekao Nikola,
što se tiče Balkana –
on je još uvijek za
mene lično --- sveti.
Hranio golubove
jer je znao da će jedan
jednog lijepog dana
obnijeti vijest –
koja će da kaže
kako ćemo svi na kraju ---
umrijeti. Ahahhaha,

ne bojte se – nećemo.
Hoćemo li se roditi nanove?
Hoćemo, ali ko zna
gdje i ko zna
u kojem obliku.
Jest da nemam feninga
u novčaniku, prosječan
Balkanac je svejedno
dužan tri života,
pa tako da me nije sramota
reći dobar dan -
ostarijoj ženi,
koju sam u to moje vrijeme
prvih đačkih godina
mnogo mrzio.
Htio sam se ubiti,
pa sam odustao
kad sam se sjetio
zbog čega sam se rodio.
Popravni --- ne gine!!!
Izvukao dvojku,
pa u bijeli svijet –
kemionom.
Nema bolje profesije,
ako oćeš da se
prosvijetliš baš do ...
Tražim beneficiran radni staž za pjesnike,
ja ću do sljedeće godine biti lud -
gledajući kako smo postali
dio najružnije ljudske slike.
Bolji smo bili –
kad smo istom progledali.
Barem nismo bili
naoružani do zuba.
Država kurtončina obična,
šest puta gora od Juge,
u kojoj sam eto
dobijao takve
batine od prosvjete,
da se i danas dani

plašim dok prdež
ispuštam iz sebe.
Umalo ne prestado ponovo,
kad ono opet Bog veli –
ne igraj se glavom Željko,
pa ne bi valjda propustio
takvu priliku?
Ne, zaista ne mogu,
pa pljunuo bih
svome bratu od električne
struke u po usta.
Jbg, nemaš da platiš –
uživaš u mraku.
2020 te će već pare da budu
dibidus nebitne.
Kad vam ja velim.
Do tada će prosječan vozač
kamiona prijeći 300000
kilometara, pa vi vidite!

Ne dišeš, a živ!

ljubav do zadnje stanice,
na kojoj presjedamo
na voz za vječnost!
--- molim ti se bože za poeziju,
svom dušom svojom!!!
Hoću sA njome svima
od srca najbolje poželjeti...
čim bih ljepše, ako
ne pjesmom?
Ona me naučila
kako život voljeti!
Kuc kuc, stigli smo,
vrijeme je za buđenje!!!
Ne odustaj ni onda kad
osjetiš da ti boG odmaže,
u stvari, on to ne radi,
da čini takvo nešto
bio bi samo čovjek
I ja sam jedan od takvih,
ne odustajem ni kad
mi bOg ne pomaže,
naprotiv, i sa tom
njegovom gestom
mi želi najbolje.
Takav ti je čovjek
kako ga opisah,
i sa njim boG
od kojeg
prodisah,
svi odreda
postojimo
da dokažemo
kako svi postoje
da vole...
Heh, pa da nas
ne ljubi davno
bi nas poništio,
da, baš tako

sve nas oče
podjednako
voliš, da nije
tebe vjerovatno
niko nikad ne
bi ni živio.
Pre živih stvorova
Zemlju jedno
jutro ogrija Sunce,
jedan je, ne postoji
uopšte više bogova,
za njega mi tuče
ovo moje srce.
Je l tako oče?
Tako je sinovče,
samo udri,
pjevaj pjesmu
i kad ja imam
drugih obaveza...
od arbajta ih čovjek
više nema vremena ni pisati,
pomisliš kako ti i Bog odmaže.
Znam ja da on misli i sa ovom
gestom, meni, i svima oko
mene – samo najbolje...

Nebo plače danima,
(to ne lažem)

Lažem, ne bih
to volio, i ovako
nisam normalan...
Volio bih te sresti
na nekoj cesti
koja ne vodi
nigdje,
ili pjesmi,
u kojoj nam
duše kao
jedna žive.
Pa da tu
zauvijek,
ostanemo,
dok nam
smrt ne
pokuca na
vrata,
sve dok ne
klonemo
jedno drugo
kao nenormalni
volimo,
pa čak
i onda,
kad budemo
znali da
nam ističu
minute
zadnjeg
sata.
Tika taka,
kraj još
jednog susreta
sa tobom, poslije
kojeg opet
neću otići

sa one kaldrme
na kojoj si pala,
nisam znao šta drugo,
jednostavno sam nestao,
zauvijek otišao,
u stvari sam gurnuo te dalje,
da ne bi sa mnom
u mom ludilu
do smrti ostala
Čovjek ni ne sluti koliko
može biti jak, da vjeruje
u to, mogao bi reći drvetu
neka se iščupa iz postojećeg
i posadi na drugo mjesto,
ono bi to uradilo,
nije kraj svega
kad srce prestane
da lupa, jednostavno
sam se iz jednog
u drugi život
presadio
Vidimo se gore još
koji minut,
poslije novi zadaci
i pobjede,
umiremo kad to
kaže bOg,
i tog
trena sam isto,
kad mi je šapnuo
kako trebam -
od tebe
da krenem.
Da mi nije
bilo pjesme,
sigurno bih
poludio, ozdravio
tek kad sam bio
siguran u tvoju
neku sreću,

meni svejedno
ta prevara
odavno više
nije bitna,
živim dane
kad sam te –
nenormalno volio.
Eto tako ih pišem,
kitim se starom slavom,
slovima na papiru
život udišem,
vežem nas u dušu
jednu, barem tintom
plavom!!!

Ne tražim više vrijeme

Ne tražim više vrijeme
kad se volimo i brojimo
minute unazad samo
da se ne rastajemo,
odavno ne postojimo,
zajedno nikako
nismo mogli
da ostanemo.
Prošli kroz neko
kao ludi, od ljubavi
bili skroz oslijepili,
i tako nam neki
igrom slučaja
odbrojani prema
naprijed presudili,
al' smo se to neko,
baš – baš voljeli!

Nula bodeva

Ako Bog ne pomogne, ili vanZemaljci već jednom ne slete,
ja stvarno nemam pojma ko bi nam mogao pomoći?
Možda da probamo sami sebe, za prvi puta!
Volim samog sebe, kao
i sve vas što volim,
vođen idejom
nam svima
istog boGa,
on nas je i dao
u tijelu
čovjeka
žive.
Pokažimo se tako,
da ne ispane kako je
pogriješio, neka
voli svako
svakog',
samo tako će se
brojati da je
čovjek na ovoj
svetoj planeti
živio. (ni ne slutimo
koliko takva jeste)
Bez ljubavi -
slaba nam fajda!!!
Uopšte se više i ne
brojimo za kandidate,
čak šta više,
ne volimo ni sami
sebe. Pas u kućici svojoj
čuva mačiće, takvu ljubav
ni zamisliti ne možete!
Ako griješim – razuvjerite me,
Možete i najzakletijeg neprijatelja zavoljeti,
jer ona nema granice, niti poznaje nacionalna i
vjerska pripadanja.
Isti za sve, duše su ispod
svake kože, kad umremo

do neba odlete varnice
(od tijela pepeo) - je sve
što ostane
Biljke to drugačije shvataju,
jednog dana ćemo moći i bez vode,
i bez hrane, pa kad čovjek sve
lijepo skonta,
možda mu jedan kraj
nekih mačića osvane..
Liže ih kao svoju djecu!

Sa ekskurzije
(osmi razred)

Stišćem se uz tebe,
a nigdje te nema,
jasno te vidim,
međutim, to
nisi ti,
lutka djevojke –
iz izloga kraj
kojeg svaku večer
prođem dok
šetam.
Grad, ko
da nije živih –
negooo mrtvih,
od sreće pucam
što se imam
uz koga stisnuti,
iako ga nemam.
Već će pedeseta.
Da baš to,
niko nikog ne voli
više do sebe,
jesam ja tada
kao i mnogo puta
poslije mislio
da više od
moje malenkosti –
nekog volim.
Šta je tu loše?
Naprotiv, pozitvno.
Jbg, današnje ekskurzije
po školama manjih razreda
idu do te ure,
samo uđeš i izađeš iz busa.
Ljubili se
preko cijele Juge,
nit' smo znali za Muhameda,
niti za Isusa.

Bolje su ih poštovali crveni,
nego ovi danas
što se u njih kunu -
raznim bojama laži.
Gospodu se pomoli
samo – tako sam
je volio.
Onda se autobus
sa krstarenja vrati,
do sljedeće rute
obilazaka spomenika
stradalih iz drugog svjetskog,
prošlog se stidimo,
promijenim pet ljubavi.
Da, baš to, svako treba
da vidi Srebrenicu
isto kao i Jasenovac,
ludilo može i gore da bude,
ako što prije ne sjedemo
za zajednički sto,
svašta ispadne iz glave lude,
za sve je isti, ako i postoji – Bog.
Možete misliti da ne postoji,
ma to bi svi koji misle
da se zlo razlikuje,
potajno željeli.
Međutim, nije tako,
nego je ovako,
nisam kriv ni za jedan
ni za drugi, niti bilo koji
pokolj, osim u tolikoj
mjeri da sam morao
uzeti pušku u ruku.
Nikog nisam darnuo,
na kraju -
pođo u vojsku.
Serem se na današnje
države nastale raspadom Juge,
tačnije - ne mislim tako,
nego to radimo, prenosim

nažive da zaboravimo na mrtve
oprostimo do zadnjeg
svakom.
Ako nastavimo vući
boli sa koljena na koljeno
znate da se neće izroditi dobro.
Moj djeda je pred sami rat
i u njemu izgubio
i djece i unučadi.
nikad mi nije rekao
da nekog mrzim!
Ne umijem, ne umem,
ne znam, ne znadem,
recite kako hoćete,
Balkanski
skoro svagdje
razumijem.
Jugoslavija je
bila aparat koji
je trebao da
zacijeli rane
iz prošlog,
onda su se
probudili
duhovi,
pa su braća
jedni druge
nanovo napali,
kao priča –
nisu im isti
bogovi.
Da, baš ta
je rasturila i ono
teke što je valjalo
na Balkanu,
bolje bi bilo danas
da su nas kroz
otoje vrijeme
o kojem ovako
sjebano pjevam ---

vodili – volovi!!!
Manje bi bilo mrtvih,
pa ja, ta ista lakrdija
danas na sva usta viče
kako su nam dvadeset godina
poslije zadnjeg rata
za nedaće krivi napušteni
psi po ulicama.
Uvijek je nama neko
za nešto kriv,
inače, kad se koljemo –
to radimo kod kuće ---
onako među sobom,
kao doživjeće se
poslije vaskrsnuće.
Oćeš care svaki
koji si drugom naudio,
ali u đavla.
Poslije se vidimo,
samo što ćeš ti da budeš
u karantinu odvojen
od nastavka.
U najbolju ruku ne ljudskog.
Nego ćeš Balkanče
u sljedećem životu
cviliti kao džukac
sa trotoara,
i gladan i žedan.
Svijest koja ubija
pse, rijetko
dovede do
dobroga.
Isto tako mislim
za ostale
životinje,
samo vam još o
tome priču
ne smijem kazti.
Drugom ćemo prilikom,
dotad vas sve zaista volim,

što se mene tiče, nikog
mrko neću pogledati.
Posebno ne ljubimca
kojeg smo do jučer mazili,
sutra pušćali sa lanca.
Neka se snalazi.
E tako i ovi naši vladajući
misle nama.
I to kad se uspijemo snaći
za neku crkavicu odnesu
sve kroz kojekakve poreze
i plaćanje računa.
Na kraju kad prevlada
bijeda, počinju sukobi.
Ja l' tu treba neka
pamet u tri
lijepe,
nego je drugačije,
puca svima po šavovima
zamišljeni svijet,
Ja se sjetim
te turneje
po lijepoj nam bivšoj,
kako se uz nju stišćem.
Sve se svelo na priču
Tita, ma on
nas dvoje
tada nije
uopće, kao
ni uopšte,
zanimao,
mi smo bili
za čitav svijet –
posebna priča!!!

Savremena poezija o ljubavi!!!

Tu smo negdje na samom
početku dvadeset prvog vijeka,
jesmo, kad se sve sabere i
oduzme = bolje da nismo.
Zagorčali život svim
živim stvorovima oko nas,
kako onda da nam
bude dobro?!
Moj pas upravo sanja,
laje sunce moje –
da prestane kiša.
Odmah po njenom
prekidanju
idemo u šetnju...
Kako kad Pupi hrče
ko tenk raspadnut?
Više neće biti nikad rata,
svijet ovaj naš maleni –
upoznaće vječni mir?
Budim je!
Čime i kako?
Poljupcima -
ljubim je.
Šta je tu dobro?
Brale moj šta sam
sve od nje naučio –
ne bih to za tri života
da sam copy paste
od ljudi.

Sretno nam sretanje

A jesu nas učitelji i učiteljice
tukli u moje vrijeme školovanja...
I da, manite mi se te priče kako sam pripadnik neke sekte,
baš to sam vam htio kazati, nikom ne pripadam – osim Bogu,
sve ostale kao i njega volim... da baš to, kad je uronuti
u pisanje ne žalim se ni sekunda, ne ljubim se
ni dio onoga koliko obožavam čitav svemir.
Mada ti to dođe na isto ---
nije loše ni mrziti nekog
kad je dobrobit za sve očigledna.
Tako da, ako trebate toga za
pljuvanje i istresanje
psovki –
stojim vam na raspolaganju.
Ajmo, nema stiskanja –
svi pera u ruke,
utisnimo mrvu
svoga postojanja
na artiju, danas je
život – ne sutra
i juče'
Kakva nam je to škola bez obilja igre?!
Sa njom bi bila smisao svega...
Koja to mogu pored skake
mrzovoljna da zažmire???
Učiti ih da nemaju istog tvorca...
normalno je da ćemo poludjeti
skroz, ako ništa ne poduzmemo.
Sine moj,
iako je dijete žensko,
tako se to veli na Balkanu,
slatkice moja –
kaže majka
svome mušku,
dao Bog da veseli
čitav život ostanu
Danas je naše - i sutra i jučer.
Neka mi se jave i inbox oni

što znaju nešta oko poljoprivrede
(... poomalo se i time bavim),
Fala dragom žulju
nisam go i bos,
kad sve pospremim –
samo zbog stiha postojim,
Dok sam bio klinac
imao sam isti nos
kao danas moja kćerka.
Samo pišite...
učitelji, nastavnici, profesori –
obavezan čas u školi – poezija,
tako ćete mnogo toga
da ih naučite.
Balkanijada iste, nema
čija je bolja, nego svačija podjednaka.
Samo se volite, ništa vam drugo ne želim
pored komada pogače.
Dvoje čarape i gaće,
srce skače ko leptir po cvijeću.
Na ovaj hoću, na taj neću da sletim,
nego ću da letim do neba –
djeco moja, pa tako i svačija,
od tih par sitnica
ništa nam više u životu
ne treba.
Pa ja, od
bogatstva imam
pjesmu, neko
će reći – imaš
care djecu,
nisu ona moja –
nego božija
Ukras su svijeta,
zaista nam fali jedna
generacija kojoj
će ljubav da pokaže
put prema
životnoj poeziji,
zeMlja, majka

svačijeg djeteta,
ova današnja
nam je samo
tlo na kojem
hranimo,
pojimo i
oblačimo
potomke
na veresiju.
Odakle mi taj
luksuz da
mogu reći
šta mislim
o našem nakitu
prilikom proslava
nove godine
i taaakvih
praznika,
sjetite se kad
pirite sviježu
na torti slaveći
rođendane
da neko tamo
od sirotinje svoje
nema zašta uzet'
gaća i čarapa.
Štaš men' pričati
kad ja znam kako
je biti bos u cipelama.
Zima krši grabik,
zato što je mnogo
hladna.
Pumparice ljetne,
duša sita!!!

Smrt

Za svakog od nas će doći...
pjevajmo joj u susret!!!
Godina za godinom sjeda nam
na ramena, prolazimo kroz vrijeme
i tako starimo do mrtvačke postelje,
pa kad nam kraj sanduka klecnu koljena
na tren život znamo šta je...
Nije li to malo prekasno?
Nije, smrt je ionako samo
riječ, pa i kad bi tada znali
zbog čega smo ih podmetali
kroz razne nedaće -
oživio bi iz nas stih
Sačinjen od istih,
samo ne od te što
je tako ružno
izgovaramo,
ista ne poništava
naše postojanje,
šteta zaista velika
što tek kad nam
kraj sanduka klecnu
koljena –
istinu pravu saznamo!!!
Pa od koga smo
je trebali po'vatati? He, ne činili vam se
kako odgovor leži cijelog života u nama?
Ako vam se ne čini, imaćete priliku kao
i ja sam što ću je imati –
kraj sanduka kleknuti...
Ostalo je sve stvar grobarske službe,
i naravno da li smo rodbini
ostavili dovoljno za sahrane.
Ni to više nije jeftina
igranka za običnog čovjeka,
strah da ne zatresu none, a ni sanduka nemamo...
Nema veze, zatrpajte mi tijelo u prvom jendeku,
svejedno je duša ta što broji vrijeme dovijeka.

Ne, nikakvo obilježje mi ne pobodite na grob,
i ne zavijajte popovi, pjesmom saznadoh
kako to iz nas čini najbolje Bog,
gradovi nam postali iskopani grobovi.
Čekaju samo da nam koljena zaklecaju! Iju, iju,
samo neka klecaju...
da izvinete, jebe mi se za drvenu kutiju!!!

SSStrava!!!

Upoznali smo se, voljeli, razišli,
otišli preko bijela svijeta da bi
se ponovo sreli sa sobom u
nekom petom životu.
Ko seb' umije priuštiti
poznastvo sa svojim
postojanjem,
taj i jeste spoznao
Boga.
Najbolje da skoči
sa neba pred nas,
umrli bi od straha
istoga minuta.
Najbolje kazano
dok se trbuh osmjehuje
kazanu -
stomačina vari
hranu u govna,
Pa mi to poslije sve iseremo
u vc šolju.
Nisam mislio
da se gastrološki
upoznajemo sa životom,
tuče iz ždrijela žgaravica
na Balkanu ti je dika
ako imaš pun friz mesa,
što od svinje, što od ovce,
što od teleta.
Samo nemamo pasa,
zato ih imamo viška.
Zbavio ljudina životinju
da se prehrani i odmori
od težačkog posla,
a od žderanja mesa
fasovao bolest –
koja se zeeeve,
ubijanje
drugih živih

stvorova,
što radi roone,
što radi razonode.
Pa moš misliti da
mi daš nož u ruke kojim
ću zaklati jagnje,
ili npr tele, malog gicka
tek odbijenog od dude,
nikakvi su ti bogovi
koji kažu da se
tako treba.
Evoluciju je
čovjek naukom
skrenuo sa pravoga puta.
U pitanjjju je oko takve rabote duša.
može lako da crkne - gledajući prizor!!!

Sve mašina do mašine, uskoro će izbori!!!

Dani za danom jedu minute,
njih sekunde, pa opet sve
Jovo - nanooovo, ni približno
nije poslije smrti kako mislite,
ja o tome više ne dumam, već
sam crkao pet puta... najbolje da
glasam za njih, i za njihove
puteve, rupe poslije
prve kiše, i opet tako poslije
izbora sirotinji dane jedu
minute, dok na kraju ne crkne.
More, mršte u tri lijepe, i vi - i vaši finišeri!!!

Svrati kao nekad :: bolje nemoj!

Koliko mi fališ ponekad
znam samo ja i niko više
ali sreća pa to nije uvijek
inače bi davno odlučio
kako nema potrebe
da dišem... ovu nisam
zapetljavao – bez zareza je
nikako ne bi bilo pametno
i ne shvataj me zaozbiljno
jer ja to opet samo –
pjesme pišem!!!

Tarot - Toprek

A baš treba biti vidovit da vidiš kako nas samo još dublje u govna vode!!!
Nezavisni kandidat, najbolje od svega što vladaju oni što glasaju sami za sebe.
E ti su najjači, zeznuli ovu dole dvojicu, što ću usput spomenuti.
Ptice umiru pjevajući,
ili im je i plač kao pjesma,
možda izdišu znajući,
šta se dešava kad
krene smrt da
teče venama,
dok ne umre
niko ne zna.
Izvuzev ako pjevaš
i kad stigne,
neka nosi tijelo
zaborav, u prah
ga pretvori,
pa kad lijepo
u sred ničega
klone, neka pjesma
iza nas govori
kako smo bili živi.
Ćiu, ćiu – tup – to ti je taj
cijenjeni život – slijepi čovječe,
pjevajmo dok ne stigne i zadnje ćiu,
tupppp!!! Inače nam duša nikad
u visine poletjeti neće... mislite da su tek
tako dobile krila, naplakale su se i one za svojim ptićima
po guduram i stijenama, ali zato danas imaju priliku barem pjevati
dok su žive... niti imaju kakve pare, niti pripadaju kojekakvim strankama.
Pjevaću i kad krene predizborna šutnja ove godine u mom malom mistu,
leti pjesmo, preko gudura i stijena, leti za nebeskim pticama, sve dok ne izabereš za vođu dušu svjesnu...
Već sam izabrao, tako da me ne očekujte na glasačkim mjestima. Na kraju će biti sve prazne kutije. Jest da do toga vremena će da mi nikne

iz dupeta bagrem, mirisaće cvijet nekoj pčeli, i do tad' ćemo zaista mnogo pojesti govana. Ništa još tup, prvo da se isćijam kako ja mislim da treba po ovim što ni vode ne bi dali pjevačima iz raja. Da, baš zbog tih što nas godinama jašu - u ova govna smo stali, i sve će tako biti dok ne izlape, i tomSon i bAja. Mislim kako već uveliko lape, drž'te se dobro svojih kutija!!! Jer kad sirotinji dođe do grla, još nečiji proliv, ma ima da vas goni do gudura i stijena, da ćete od straha sa njih u ponor skakati sami. Ja jesam i znam kako je, da se biram, dobro bih se zapitao jesam li normalan što obećavam nešto, a to ne mogu ispuniti. To da nas dovedu do umiranja, i da usput do zadnje sekunde pjevamo, ma to oni i nemaju na listama.

t(e)r(a)m(i)s(u) naopako i sa doslađivačima

Šta se onda zbiva? Ništa... šta će biti!
živim za danas, za sutra ne pitam, niti
kako je bilo juče, čekam suđenog crva,
da me iz tijela kao sablju isuče... gric po gric,
iza pojasa, pa kad dođe do bubrega
ne prestaje grickati. Sve do zadnjeg
komada tijela.... da, baš tako,
šta će biti kad nas crvi pojedu?
Što se ovoga tiče, ma ništa,
slijedi duvanje u prazno
cijelu jednu vječnost,
do tad bi bilo nam najbolje,
da se ori pjesma

Izduvan kao probušena lopta,
sjedim u sobi, ne da mi se vani,
kao da će tamo kraj svijeta,
u strahu prolaze kroz život dani...
Ma oni ne idu nigdje, to mi laufamo
kroz vrijeme do nekog trna iz
obližnje grma, što viri
da nas probuši... šiiiiii!
Išištaće svejedno jednog dana –
duša!!! Od tijela neće ostati ništa,
ništa do praha. Ako vam to šta znači -
neka od mene sklepana pjesma...
razdvojih na dva dijela ovaj
moj pozdrav iz sobe
na nadolazeći kraj svijeta!
Da, jednog dana ga neće ovdje biti, nego negdje drugo. Do tad bi bilo najbolje da se srodimo sa danas, jer samo tad postojimo i živimo, još ako imamo ljubavi, i to onu prema pjesmi, e onda nema miru kraja. Pa kad me smlati ovako kao sada, ne izlazim iz četiri zida, samo pišem. Dajem na znanje sebi kako nisam samo ja bitan, i da moram nastaviti, sve dok nas ne proguta sve ljubav. Ako samo ja utonem, iako znam da to se ne može, oduzeo sam pravo drugom na vjeru. Neka vjeruje i taj

dok se najzad ne razuvjeri time što će nas sve dočekati na kraju krajeva. Smrt je samo riječ zaista, i ni jedno slovo nje ne vrijedi pomena, šta slijedi iza svega dalje.

Tesla!!!

Pravda sudnjeg dana – živimo zbog ljubavi, razmislite šta će se od nas tražiti tog istog, vjerujte, nikakve pare bitne neće biti, na Zemlju uskoro stiže i on lično da to posvjedoči, prag kuće ljubavi zakorači bOg. Volimo sve što mrda i ne mrda oko nas, dosta kao i sebe, ne, nego mnogo više, pa ćete da vidite kako sam bio u pravu... ako ne bude istina, nega me odmah nebeska dubina u svoje ralje proguta.
Ponekad mislim,
pa dođem do spoznaje
da je sve tako i trebalo biti,
to što sam te volio više nego sebe,
da, to sam jednostavno
morao doživjeti,
i ne postojiš dok ne spoznaš
kako se može toliko voljeti!!!
Fu, mislio sam reći – jbt,
ali neću da psujem,
ljubav ne trpi iste jezike,
danas ću reći samo,
još uvijek volim te,
pišem pjesme,
stavljam poslije, jako -
pa svake, trostruke uzvičnike!!!
I da, nemoj da čujem kako neko naplaćuje upaljenu sijalicu, poručuje brat Nikola. Neću tu da uzvikujem, nego da prenesem poruku od boGa, vi kako hoćete, moje je da pišem. Ma koga briga više za pare, neću plaćati ni struju, ni kredite, ni kamate, ma ništa, pa ni djeci školu, jer žao mi je zaista tih što vi učite. Rupe pokopane po putevima, čeka se predizborna šutnja, pa da se finišeri raspale. Asfaltiran cijeli Balkan. Jest, ali kad bi se gađali propalim amortizerima sa mog auta, ma i njega ću jedan dan na otpad, da platim klincima knjige. O mamice vam ga spalim, pa pravite puteve, ali za nigdje, ma još gore, u propast. Obećavm da više neću psovati, a po ovima što to zaslužuju, ni manje...

Travojed

Odričem se svega ---
samo da platim račun za struju
Pirim u vrelu pogaču,
na jednom dlanu ona,
na drugom so,
ne daj Bože da u
ovo drugo dunem,
palo bi na tlo sve
što imam.
Mnogi naši
problemi potiču iz
te nebuloze -
sticati bogatstvo,
kad bi neko
uspio malkice
ugao pogleda
da pomjeri,
lako bi vidio
da je to najveće
siromaštvo ---
što nas može
snaći!!!

...trese i bunca!!!

Sanjati bez ljubavi nije
i neki san, takvo snivanje
samo još goru stvarnost
napravi, pa čovjek ne
odsanja miran -
od Boga
mu dat dan.
Samo se...

Turbo - poezija

Trne mi mali prst u lijeve noge.
Od čega da budem slobodan
ako od sebe nisam.
tijelo neka piči
po svome –
uspavljujem ga kad
god se toga sjetim –
pjesmom ---
u tri lijepe odletim
Htio sam da se pokažem,
dokažem, i iskažem,
pa sam htio da budem sretan,
onda sve to zajedno,
pa sam počeo svijetu
da lažem kakav sam,
tužan bez iste.
Ništa u našim životima
nije bitno kao sloboda,
o njoj ponizno
bez želje za
za srećom
pjevajmo,
sama od sebe
će da se u nebesa
digne duša,
ponosni nosioci
istih postajmo.
Pod itno,
inače, ima
Bog da nas baci
u neobnovljivu
vrstu.
Koja mrtva sreća,
poslije svake ide tuga,
kako ova prva tako
i ta druga veća,
čini ti se da
nisi –

svjetska sluga.
Nikako svoj –
što je od svega,
još bitnije.
Jedan big like
od mene za Balkasnku
politiku... pravo
znaju šta čine!!!
I ja tako isto
znam da nam
to trebam reći
u po face.
Stidim ih se.
Što ne znate,
pitajte sebe,
nije sramota,
svima će biti bolje,
ne od love do krova,
neg'' – od štivanja
malo više duše.
Pojma vi nemate
Kud' vodite ovo
teke jada, niti
slutite šta vas
kao i nas sutra čeka,
skupština opštine
grada u kojem
živim još nije
našla za shodno
da kupi teke
rane za napuštene
pse, i one što nogama
vire iz kontejnera.
Pa da, baš to
oni i hoće,
da svi budemo gladni,
pa sa vrećom
brašna - lako
dobiju svake izbore!!!

U kolu je lola i bekrija

I mamuti nam stižu uskoro,
ma kakvi u goste, nego na vlast,
do neke nove zakrpe!
U pećini koja se nalazi u mom rodnom
selu žive šišmiši, tu su od doba mamuta
Ne bojim se više ni duhova,
luđi sam od te priče
Stižu dani krpanja ulica, ko nam bolje zakrpi,
za njega glasamo.
More mrš u tri lijepe, i vi i vaše glasanje.
GLASAĆU ZA ONE KOJI NAM SPASE
PSE LUTALICE SA ULICA, ILI AKO
NISTE KADURI, MAKNITE SE VIŠE
SA JASALA SIROTINJE!
...ovce zmajevog stada,
kakve bolan boŽije...
to smo ti mi postali,
krave muzare,
još im djecu svoju
dajemo, da i sa njima
nas sa krsta pozdrave.
A on sebi umislio kako je taj Bog,
vrti ključem audija kao da je vlasnik
Rastuške pećine, umjesto krila,
čovjek nosi rog, nije uopšte
svejstan ama baš nikakve istine.
Pa ima krst u rukama,
tim prijeti,
kako će i nas razapeti,
ako ne budemo slušali!
Niko da nas nauči kako
zapravo samo treba,
sve što činiš voljeti...
nikako drugom
ono što sebi
ne želimo,
ama baš nikad'.
Pa ni kada vam se obriše

iz memorije nekakva dobra vaša pjesma,
pomislite kako ostajete bez istine,
ma jok, drugu tim gubitkom
spoznajemo!
Bez imalo rime,
odsad pišem iste,
probi mi glavu Jesenjin do Jesenjina,
alo koji vam je bre stoko jedna slijepa,
nemojte se bojati ni gubitka istine,
može malo rime, za kraj.
Čujemo se možda sutra,
ili se više ne čujemo,
jednog sigurno nećemo
progledati jutra,
koji će mi onda đavo to vaše biranje.
Nek' vam tata glasa za vas, što moja
Baka imala običaj reći...
BOGME, JA NEĆU!!!

U PROŠLOM SAM BIO PAS LUTALICA,
ISTO NA BALKANU! NE DAO BOG
NIKOME, PA ET!

Kukuriku vjernik – u sljedećem ću životu
biti kokoš što nosi jaja za kajgane.
Vjerovaću kako tako treba biti, i da na kraju
skončam u supi. Ma nema dalje!
Kakvo dalje dok drugom oduzimamo život
da bi se najeli. Možemo vjerovati u
kojeg god hoćemo, jedino za zasluge
možemo dobiti za najbolje idiote -
zlatne medalje.
Sa ove strane istine previše se laže,
sa druge se neće moći baš tako
kako smo navikli, pravila iz
nazovimo života nam
samo do smrti –
važe, uopšte taj drugi svijet
i ako postoji na ovaj naš
ne liči... totalno drugačiji,
pa ako si u ovom
napucao nogom
psa lutalicu na ulici,
u sljedećem ćeš
da budeš jedan
od napucanih.
(Da li je šut bio
opravdan
ili ne,
imaćemo pravo
sagledati
sa obadvije strane!!!)
Da se ne laže bilo bi drugačije,
tako bi se naučili ne šutati ih
u dupe, dok kroz glavu svira
promaja o tome kako
postoji, te ovaj, te onaj svijet,
pa de u ovom budi čovjek čovjekom,
a ne skot skotom da opališ

napuštenog psa nogom
po kud stigneš, dok ti
kao na čelu piše
kako vjeruješ da
postoji bOg.
Koji đavo vjerujemo,
pa valjda bi već trebali
početi svjedočiti
kako postoji.
Čim šutamo napuštene
pse po ulici, daleko
smo mi od te svijesti,
još jednom
u krug, svako po svoj
šut, ne diram ih,
pa kako bih se
pred boGom
radovao pjesmi,
iako mi na čelu
ne piše kako
vjerujem
da postoji on...
Čim ih ne šutam---
svjedočim da postoji,
inače više ne bih
ni jednu napisao pjesmu,
osim kad je za ekipu
sa ulice, za kojom
u zadnje vrijeme,
i sam –
sve češće odlutam!

Učim Slovenski –

(za kumicu koja čita moju zbirku pjesama)
Misija uspjela, pa taman ga i ne naučio...
Da sreći ne bude kraja, i ona ih piše!!!
 Šta činim??? – hvala ti bože,
ne na uslišenju molitve, nego na svemu
što radiš da iz mene i mojih nemira
isprva pjesma
Više ne postavljam pitanja,
niti mu se nekim
molitvama molim,
samo ga opušteno slušam
U tišini ćutim svoje nemire,
pa to ispadne kao da pjevam,
to što mi je ovako u životu,
kako god da je,
moje je da volim
što postojim... naravno
da to delam!!!

Vaskrsionica... ova se ne valja lajkovati!!!

Otvaram grupu na fb u kojoj
će moći biti objavljeni profili
čiji su vlasnici umrli – nikako živi,
nek' pripadam i kad crknem
poludjeloj gomili debila,
magarac bio
ko mi ne bude
lajkao isti
poslije četeresnice.
Vadim rakiju trijes' devet stepeni...
da se opijam dok napolju
vrište najjužasnija
oduzimanja života
samo da bi nam
bile site guzice,
pa kad zalajkamo –
neka ne bude sramota –
onog koji prdne.
Miriše kokoš
iz dupeta,
čeka da se rodi
kao govno.
Operušana koka,
za ručak uz krompir,
ko da je ona od
asiluka postala –
ne od Boga,
na sve to –
poždere je vampir ---
u ljudskoj koži.
Ako može dva – kontaktirao
bih vlasnike najpopularnije socijalne mreže
da uvedu duplu porciju likovanja.
Daj bjaži, ovako ne valja nič,
isto kao da ne postojim,
ja se naguzim da
napišem pjesmu –
kad ono --- ni jedan.

Gomila smo bolesnih debila koja
samo misli da nešto zna i umije,
iz dubine ludila seže naša žila –
prijeti da sve oko sebe ubije.
Što bi mi na kraju i učinili
da se pitaju nas neke
bitne stavke za budućnost
života na ovoj planeti,
mislim da je stiglo
ono što se zove – dosta,
i kad okine najjača bomba
iza neće ostati pustinja.
Naprotiv, em će se životinje
nauživati, ujedno
će da se ljudskom rodu
zatre svaki trag,
stiće među žive
nova vrsta,
kojoj naš plan
da sprovedemo
mržnju kroz
život kao nešto
što to treba činiti –
nimalo neće
biti drag.
Hoće li silaziti Bog,
ili slučajno slati još
kojeg svoga sina?
Naravno, ali
ovoga puta bez pravo
na spas, samo da nam
kaže gdje smo to
skrenuli sa pravoga puta,
i pustili žile tamo
gdje ni vrag neće.
Pa ja, nije on razapeo
Isusa – nego ljudi.
Je l' to bolesno
i nenormalno
Što su uradili?

Ma kakvi...
Mi se dičimo kako smo
prosvijetljeni i pametni,
dok dalje od profila
na fb i ne pokušavamo,
bitno je samo da smo
teke sretni – kad nam
neko nešto lajkne –
svršavamo.
Pa ja, napizdi me
naša svijest, i sam
joj pripadam ako
ne kažem šta to
vidim u budućnosti.
Ma kakvi to
što sam vam sad
ovom mojom
drkotinom ispričao –
čisto da kome ne
padne na pamet palac,
svako od nas
je iz nje postao.
I tako zače Marija
bez sperme, pa dijete
za devet mjeseci zaplaka,
disciplina robu
kičmu –
ispravlja i savija,
na kraju svakog dočeka
raka.
Onda se baja diže
iz groba, ma ni to nama
nije ništa značilo,
barem ne do sada,
poštuju ljudine
još malo, pa svako
svoga Boga,
lajk mu briše
pola jada.
Ona druga strana

se vidi samo
ako niko ne stisne
sljedeći like,
tako čovjek
na početku dvadeset
prvog vijeka živi,
nimalo idelna prilika
za nastavljanje
vrste.
Nema druge
nego da očekamo
to vrijeme
kad će sve
majke biti
djevice.
Ko da je
bitno odakle
stižemo,
dajte da idemo
sa ovoga svijeta
kao da nam je
bilo drago
što smo imali
priliku pokazati
se kao božija djeca
dostojna zadatka.
Duša, da baš
pričam sa drugom
da se nađemo
ispod jabuke
pod kojom često
prizivamo
nebesa kroz
lulu mira –
tri dana poslije
toga kad crknem.
Mislim, još
je priča
na razrađivanju,
ali da ću probati

krenuti ka tom smjeru –
hoću...
samo dok naletim
na dobru gandžu.
Umjesto tamjana
da zamirišemo
komšiluk,
neka svako zna
kad je počelo
nanovo kađenje,
nisam Isus,
jesam njegov unuk –
Bog te pito
koje koljeno.
To što duvam
i ne idem u crkvu –
to stem nema
nikakve veze,
nego pet puta
bolje i razgovjetnije
vidim lice svevišnjeg.
Eto ga, sad sam umro,
okačen profil
u grupi koja
samo mrtve
podržava,
pa okinem lajk
u po ničega -
onako crko,
nek malo
i duša svršava.
Pljuc – poezija.
Pa ja, i deda
je bio poeta,
još uvijek
odjekuje
njegova pjesma –
u ime oca i sina ---
za spasenje cijeloga
svijeta.

Ma okladio
bih se u glavu
da bi' ga i danas
smakeli,
ne mislim ovako
samo zato
što dimim vutru,
nego tako
istina iz budućnosti
veli.
Imaćemo priliku -
vrlo brzo,
dao Bog da griješim.
I to znate kako
mu se za takvu sudbinu
molim.
Dotad vas pozdravljam
iz tanjira kao
pjetlić
koji bi malo zapjevao,
no međutim - prekasno,
presudilo mu presjecalo
na kom smo mu odfikarili
glavu.
Mesožderstvo se ne razlikuje
od akcije u kojoj ljudski rod
ubija Isusa.
Danas to još uvijek ne vidimo jasno,
nismo ni onda njega, pa ga
skratili za istu!
Naravno da nije normalno
da zakoljemo jagnje ili prase
i da se time dičimo
dok dočekujemo neki
datum koji slavi jednog
tako velikog pjesnika.
Živjela Ljubav!!!

Vračevi u pičarenju

Nošen krilima vjetra,
kakvim boNa nogama...
samo sam ti centar nečega
što ne postoji,
pjesmu započinjem
slovom, nemam naum –
ni jednu jedinu riječ...
umrijeti se ne može,
i da hoćeš!
Ime _ kad završim
zadnji stih,
urež' datum smrti
na spomenik,
pa da počnemo!!!

Vala baš

Jest me prenijelo,
u razvale, dođi mi boŽe
bliže... da se skroz
razvalim!
Kad me odnese -
vala me tako,
pišem pjesme,
pričam sam sa
sobom, stih me
u nešto sasvim
drugačije prenese,
prebijam koju
k'o biva _
saaa boGom.
Svi ga nosimo
u sebi, ljubavlju
pokazujemo
kakav je i saaa
kojim ciljem
stiže, od svih,
čovjeku bi
najpreči
trebao biti
da voli,
jedino tako
svom je, a i
svima
nama istom
stvoritelju
_ bliže!!!

WaU – Kakva će da bude jednog dana BALKANSKA UNIJA.

Ima da psi budu najsretnija bića što
su se rodili nas njemu,
za ljude da ne pričam!!!
Evo me opet ludilo,
tvoj sam, nigdje nisam
otišao, zviznut kao i zadnji
put, ništa pameti
zbavio...
I da jesam, šta bih sa njom?
svejedno bi se opet na kraju
otkačio od ovog jada
što čovjek naziva život,
još kad spozna kako je trebao,
međutim, nije volio,
ispašće i pameti pun
kao i sam što sam
hiljadu puta -
idiot!
Ali onaj što je i bez
trunke iste... pišem poeziju,
dvije hiljad i neka - poslije Isusa,
hiljade će trebati još
da se ljudi ovakvim nastupom
ljubavi sjete, njegovo ime,
i poslije toliko godina
sa nama - barem kroz pjesmu
kuca!!! Tri puta.
Volimo se, milione više.
Da ne stavljam toliko uzvičnika,
ispašćććććććću opet idiot,
mada ne vidim
ništa loše i ako tako bude,
zato što sam pisao poeziju
u ova nevrem doba,
odraz u ogledalu,
već izanđijane lude...
Dokle tako?
Dok skroz ne odlijepim,

pa i po pitanju kad bi me raspeli
kao i tebe... lako je ovo reći,
valja ispoštovati do kraja.
kome nije jasno,
neka se malo vrne u rikverc,
pa sagleda prizor dok ga prikucavaju,
čekić i ekser drži u ruci,
niko drugi, do lokalni baja.
E jebiga, Isuse, idot si ispao kako
danas ljudi umiju voljeti,
nikom se ti moj rode
ni ovo predveče ne bi dopao,
jedva bi čekali samo
kad ćeš kraj krsta samrijeti...
pa da o tebi smišljaju
pjesme kad nemaju druga posla.
Ne, care, ja ovako živim.
čak i luđe...
Šta kažu za to
što pišem pjesme?
He, pa šta drugo nego
da sam idiot.
Ja baš me zaboli i za tim. Kažem ti
brate, i pod cijenu da osvanem
na krstu jednog dana
prikovan, kao čičak
za pantole, dok se vraćam
kući iz škole preko njiva.
Znaš da sam ti onda pričao
kako idem do kraja,
vidiš da nisam ni centa omanuo...
baja, ma baja mi može znaš već šta,
valjda kao ne bih poštovao dovoljno bOga,
da sam kojim slučajem nešto kroz stih lanuo.
Pa ja, ti što danas dižu u nebesa Hrišćanstvo i Islam nemaju
pojma šta su Isus i Muhamed pokušavali.
Ja ne znam, nit se trudim saznati, kažem vam sve podjednako
kao i sebe volim. Ako lažem, neka stane odmah da kuca,
inače ako ne, idem dalje, do sljedećeg svog ludila
iz kojeg ću izvlačiti pouke, pretačati u pjesme,

ko će svim bajama dokazati, jednom hoće sami sebi...
pa kad konačno svi skontamo kako trebamo
voljeti, e tad će ovaj jad - neki život postati!!!
Dotad sljedbenici lokalnih idiota, koji bi se i poklonili i prekrstili,
samo da budu na čelu gdje se torta siječe, pa selfi,
pa svijeće, laju psići iz žbuna,
čovjek ljubav odbacio, hoće
da mu kroz pare stigne nekakva životna istina.
Aha, i to u novom audiju, je l' tako svetinjo???
Sutra se javljam sa pismom od Muhameda.
Koji kažu da se smirite, mamicu vam hoštaplersku.
Jest - jest, ima da se stidite svojih postupaka pred Bogom, i jedni i drugi,
Ako se vama ne živi, imaju ostali koji bi mogli možda i po hiljadu puta kroz ljubav.
Šta možda, pa već mi tako dvije makeše, i na sve to godina šesneeest.
Koji sam mogao biti razred? mislim da biješe osmi!
Koliko ih je prošlo od đačke klupe, dobro se uopšte sjećam čička!
Pa koji bi mogao biti ostali, a da živiš na Balkanu?
Pa Balkanac majka mu stara.
To božijE ovce učite,
a ne da se krste i klanjaju,
u stvari, ok, ali nemojte
kukati kad ispadnete na
kraju baš na tom dijelu gdje
je ostao na slici odraz iz ogledala
iza leđa.
Ludački pogled koji trči
za još, sve do novog audija!
Ajd što vi, što i vaši sljedbenici,
sveuuuukupno, niko nema pojma šta
je zapravo, istina. Zna, kako ne zna,
manite se te priče više, pređite na ljubav,
pa ćete da vidite božije nauke, koje
čine da sve ovo ovako izgleda.
Raj, od koga smo sebi napravili pakao,
zapravo, nije pas, nego čovjek –
taj što reži i ujeda!!!

WauMjau

Učimo od pasa i mačaka, kod mog komšije jedan mnogo velik džukac
čuva tek rođene mačiće, ne možete vjerovati kako tiho prelazi preko
njih dok izlazi vani iz kućice - u kojoj sa njima živi.
Bukvalno na vrhovima šapa... pa da se čovjek ne počeše po čelu, u jbt,
opet mnogo psujem, mi ih svaki dan imamo po ulicama gladnih i
žednih sijaset, a mama maca ih kod svog zakletog neprijatelja omacila.
Ne bojte se vi pasa i mačaka, bojte se ljudotinja, oni su ti koji još uvijek
grebu do krvi, i na sve oko sebe reže.
Najgori od sve djece. Božije, naravno, čije će biti?
Inače, stidim se što sam juče pripadao ikakvom pripadanju, to što
sam ovisan o stihovima, to nije bolest, nego ljubav,
piskaranje o našem postojanju... niččta drugo!!!
Prvo se malo zarcvenimo, pa zasučimo
rukave, odmah tu pored nas...
Ako ne stanuje ljubav, džaba dumamo
išta, tačnije, ništa o svoj ovoj zezanciji
ne znamo, pa još na to sve da se
uopšte ne čuje pjesma. Eee,
da opet ne psujem,
pa o čemu onda maštamo,
o kakvoj sreći, ne razumijem?!
Pored nas svjesnih postoji
i drugo nešta koje mi još
ne možemo razaznati,
nego mislimo kako
samo mi dumamo
po ovoj vjetrometini,
na primjer –
čovjek može čitav
dunjaluk od života
provesti tako što
će samo,
i samo pjevati,
međutim, da bi to
mogao, mora biti
što bliže svojoj istini... jesmo
li svjesni šta nam se dešava?
Ja mislim da nismo, čim

je pjesma jako, pa skroz
izda'nula, u korak
sa nama nema
ljubavi,
duša zaboravila
zbog čega je sa
tijelom čovjeka
živjeti postala... ma to samo
važi za ljude, ostali živi stvorovi
pjevaju i pored boli i muka ---
što im nanosi naša ruka.

Webasto

Umjesto spomenika mi na grob stavite
felugu od kamiona, pa ko bude radio
na projektu – molio bih, ako može
da ista biide aluminijska.
Disciplina lijevog koljena -
refleksi ko u krepale kobile.
Odlazi još jedno ljeto,
ma šta ono – snijeg se bijeli
po brdima i planinama,
fulalo četrdeseto,
primiče se doba
kad će da nas sve
proguta tama.
Jama duboka dvjesta
centi, pop odozgora zaljeva
i priča o tome kako
stižemo do raja,
od nekog iz publike
počinje pjesma,
došli do kraja –
nema dalje.
I tako onda traje
spomenik iza nas,
gradovi nam kao
groblja postali,
isto kao da duša
ne traži spas –
nego tijelo,
Boga smo zaista
puno koštali –
koliko vrijedimo.
Ništa kad odapnemo,
postanemo dio blata,
postojimo ako
život i sebe
u njemu volimo,
svaki sekund
doživljenog minuta...

Tika – taka,
onda će bijeli da
se spusti i u niže
predjele,
postaneš dio nekog
drugo jata,
u kojem ljubav
poznaju i ti što
sebe ne mogu gledati
očima.
Noćima sam zebao
na prtini dok se
ne sjetih da
samo trebam
upaliti oganj,
promrzle više puta
kosti, da da,
dragi moji –
svima na
kraju piše -
konec.
Pa kad u po zime isti drekne
tresem se u kabini
kao neko ko ima temperaturu -
nesmalim što ja imam godina
sada, jednom tako ću i sam
da crknem, ni manje
ni više refleks sa
početka priče – ne
mrdam kao kobila
pred raspadanje,
nestala ispred
nas džada
kojom smo do
maločas,
vukli kočije.

Za sve ista – ljubav!!!

Možda jednom neću više
pjesme pisati, bOg samo zna
kako će biti, to da jednog
dana neću, e, to je sigurno,
a to može biti onda, i samo onda -
kad prestanem disati...
Ne govorim u suprot,
iako bi se po današnjem
vjerovanju ja smatrao
za okorelog ateistu,
volim pjesmu
kao samog bOga!
Tačnije, ne zanima me ni jedna ni druga opcija,
osim ako se boŽija ili ne, priča zove istina...

SADRŽAJ

Baš svi 1
Crni Voz 2
****++++ DJ hRIST 3
Ćita čita ćitulju čiti... 5
Crvotočina – 6
Đole Korleone 9
I više!!! 14
Izviđačka 15
Jašta nego trebamo 16
Krkanizacije 17
Mundir u crnom 18
Na spasenje jutrošnja molitva... 22
Ne dišeš, a živ! 27
Nebo plače danima, ... 29
Ne tražim više vrijeme 32
Nula bodeva 33
Sa ekskurzije 35
Savremena poezija o ljubavi!!! 40
Sretno nam sretanje 41
Smrt 44
SSStrava!!! 46
Sve mašina do mašine, uskoro će izbori!!! 48
Svrati kao nekad :: bolje nemoj! 49
Tarot - Toprek 50
t(e)r(a)m(i)s(u) naopako i sa doslađivačima 52
Tesla!!! 54
Travojed 55
...trese i bunca!!! 56
Turbo - poezija 57
U kolu je lola i bekrija 59
U PROŠLOM SAM BIO PAS LUTALICA, ... 61
Učim Slovenski – 63
Vaskrsionica... ova se ne valja lajkovati!!! 64
Vračevi u pičarenju 70
Vala baš 71
WaU – Kakva će da bude jednog dana BALKANSKA UNIJA. 72
WauMjau 75
Webasto 77
Za sve ista – ljubav!!! 79

ŽELJKO TOPREK
ZBIRKA ZA ČITANJE

Za izdavača: Željko Toprek

Glavni i odgovorni urednik: Nikola Šipetić Tomahawk

Tehnički urednik: Vladimir RZ Protić

Ilustracije i dizajn korica:
Nikola Šipetić

Slika na korici: Katarina Đurović
(akril na zidu)

Urednici poetskih izdanja:
Spasoje Komnenić Zis
Jelena Stojković Mirić

Čačak, novembar 2014.
Copyright © Željko Toprek